Willi Fährmann · Annegert Fuchshuber

Franz und das Rotkehlchen

Willi Fährmann · Annegert Fuchshuber

Franz und das Rotkehlchen

Echter Verlag

Franz hat im Keller einen Vogelkäfig entdeckt.
Mutter sagte: „Der ist von unserem Wellensittich Fittibaldi."
„Ich weiß nichts von einem Wellensittich", wunderte sich Franz.
Mutter antwortete: „Du kannst auch nichts davon wissen. Fittibaldi lebt nicht mehr. Eines Morgens haben wir ihn tot im Käfig gefunden. Du warst damals gerade erst geboren."
Franz bat die Mutter: „Ich möchte auch einen Vogel haben."
„Nichts da", antwortete die Mutter. „An mir bleibt die Arbeit hängen. Ich kenne das."

Da fragte Franz den Vater. Doch der Vater sagte:
„Und wer versorgt das Tier, wenn wir in die
Ferien fahren?“

Da fragte Franz den Opa.
Opa zog die Stirn in Falten und antwortete:
„Vögel kannst du in meinem Garten sehen.
Vögel gehören ins Freie, nicht in den Käfig.“

Da fragte Franz den großen Frieder. Der wohnte im Haus nebenan und war schon zwölf Jahre alt. Frieder dachte eine Weile nach. „Ist der Käfig noch zu gebrauchen?“ fragte er.
„Staubig und ein bißchen rostig ist er schon“, antwortete Franz.
„Bring den Käfig in Ordnung“, sagte der Frieder. „Wir werden einen Vogel fangen.“
Franz putzte und scheuerte den Käfig, bis er blitzte und blinkte. Die Mutter schaute den Käfig an und lobte den Jungen. „Was unser Franz nicht alles kann“, sagte sie.

Am nächsten Tag mußte Mutter aus dem Haus. „Ich will Tante Leni helfen", sagte sie. „Tante Leni streicht ihre Küche neu an. Wenn du willst, Franz, dann kannst du mitkommen."
Franz schüttelte den Kopf.
„Vater kommt erst gegen fünf Uhr von der Arbeit", warnte Mutter. „Du bist dann allein im Haus. Du wirst dich langweilen."
Franz antwortete: „Der große Frieder spielt mit mir."
„Na, wenn das so ist", sagte Mutter, „dann kannst du bleiben."
Die Mutter fuhr mit dem Fahrrad los.

Der Opa fuhr wenig später auch mit dem Fahrrad fort. Franz war allein.

Aber nicht lange. Es schellte. Der große Frieder stand vor der Tür. „Wo ist der Käfig?“ fragte er. Franz zeigte ihm das Vogelbauer.
„Gut“, sagte der große Frieder. „Komm, wir wollen einen Vogel fangen.“
Er trug den Käfig nach draußen. Hinter dem Haus wuchs eine hohe Hecke. Nicht weit davon stellte der große Frieder den Käfig auf den Gartenweg. Er brach einen Zweig aus der Hecke und streifte alle Blätter ab. „Das ist eine Stütze“, sagte er. Dann hob er den Käfig an einer Seite an. Zwischen Käfig und Käfigboden klemmte er die Stütze. Aus seiner Hosentasche zog der große Frieder eine lange, dünne Perlonschnur. Die band er unten an die Stütze.

„Jetzt machen wir eine Probe“, sagte der große Frieder. Er rollte die Perlonschnur ab. Dann ruckte er daran. Die Stütze fiel um. Der Käfig schlug auf den Käfigboden.
„Aha“, sagte Franz. Er dachte nach und fragte: „Aber wird es nicht sehr lange dauern, bis sich ein Vogel auf den Käfigboden setzt?“
„Nein“, antwortete der große Frieder. Er stellte die Stütze auf und griff noch einmal in seine Hosentasche. Diesmal holte er eine Handvoll Körner hervor. „Vogelfutter“, sagte er.
Er streute die Körner rund um den Käfig. Aber das meiste Futter warf er auf den Käfigboden.
„Aha“, sagte Franz.

Die beiden Jungen hockten sich weit weg von dem Käfig hinter die Mülltonne. Der große Frieder hielt das Ende der Perlonschnur zwischen Daumen und Zeigefinger. Sie brauchten nicht lange zu warten.

Vier Spatzen flogen aus der Hecke, schilpten und pickten. Unter den Käfig hüpften sie nicht.

Dann segelte ein schwarzer Amselhahn heran. Er senkte seinen gelben Schnabel, sträubte sein Halsgefieder und schlug nach den Spatzen. Die flatterten davon. Die Amsel pickte hier und pickte dort, rund um den Käfig herum. Aber die Körner unter dem Käfig wollte sie nicht.
Schließlich flog sie weg.

„Das wird nichts", flüsterte Franz.
„Wart's ab", antwortete der große Frieder.
Der nächste Gast war ein sehr kleiner Vogel. Er hatte ein rostrotes Brustgefieder.

„Ein Rotkehlchen", sagte der große Frieder.
Das Rotkehlchen pickte nicht hier und nicht dort, nein, es hüpfte unter den Käfig, dorthin, wo die vielen Körner lagen.
Der große Frieder zog an der Schnur, der Käfig klappte herab. Das Rotkehlchen flatterte ängstlich gegen die Käfigdrähte.
Aber heraus konnte es nicht mehr.
„Da hast du deinen Vogel", sagte der große Frieder. Er rollte die Perlonschnur zusammen, klammerte den Boden am Käfig fest und sagte: „Wasser braucht das Rotkehlchen. Körner sind für heute genug im Käfig."
„Danke", sagte Franz und trug den Vogel ins Haus.

25

Das Rotkehlchen flatterte wild umher. Auch als der Käfig auf der Fensterbank stand, beruhigte sich der Vogel nicht. Franz setzte sich ganz weit weg auf einen Stuhl am anderen Ende des Zimmers. Das Rotkehlchen hockte erschöpft auf der Stange.
Gegen Abend kamen Mutter und Vater gemeinsam nach Hause.
„Wo hast du den Vogel her?“ wollte Mutter wissen.
„Der große Frieder hat ihn mir gegeben“, antwortete Franz.
„Was der Junge sich einmal in den Kopf gesetzt hat, das ziehen zehn Pferde nicht wieder heraus“, sagte der Vater.
Mutter betrachtete den kleinen Vogel genau. Sie sagte: „Das ist ein Rotkehlchen.“
„Weiß ich schon“, antwortete Franz. „Ich nenne ihn Fittibaldi.“
„Wie unruhig der Vogel ist“, sagte Mutter.
„Er ist scheu“, erklärte Vater. „Er muß sich erst an uns gewöhnen.“

Am Abend kam Opa aus dem Garten zurück.
Auch er sah den Vogel im Käfig. Er sagte nichts.
Seine Stirn zog sich in Falten.
„Es ist ein Rotkehlchen“, erklärte Franz. „Fittibaldi der Zweite heißt mein Vogel.“
Aber der Opa sagte kein einziges Wort.
Am Abend wollten Mutter und Vater noch ein bißchen an die Luft.
„Sorgst du dafür, daß der Franz pünktlich schlafen geht?“ fragte die Mutter den Opa. Der nickte.
Später setzte er sich zu Franz ans Bett. „Erzähle mir eine Geschichte“, bat der Junge.
„Genau das hatte ich vor“, erwiderte der Opa.
„Es ist schon lange her“, begann er. **„Damals lebte in Italien ein Mann. Der hieß so wie du. Sein Name war Franziskus. Er kam aus der Stadt Assisi.“**
„Den kenne ich“, sagte Franz. „Tante Leni hat mir schon von ihm erzählt. Der wollte nur für Gott leben. Andere Männer sind ihm gefolgt und wollten auch so leben wie er.“
„Ja, Junge, so war das“, bestätigte der Opa.

„Einmal nun, da überlegte Franziskus, ob er sich tagsüber wohl Zeit genug nehme, um zu Gott zu beten und ihn zu loben. ‚Vielleicht sollte ich meine Tage auch nützen, um anderen Menschen von Gott zu erzählen?‘ fragte er sich. Er holte sich Rat bei seiner Freundin Klara und bei einem frommen Mann mit Namen Silvestro. Beide rieten ihm: ‚Es ist wichtig, daß du den Menschen von Gott erzählst.‘

Franziskus zog bald darauf los. Zwei von seinen Männern gingen mit ihm. Sie hießen Masseo und Angelo. Sie gelangten in die Stadt Cannara. Dort begann Franziskus von Gott zu sprechen. Viele Menschen blieben stehen und hörten ihm zu. Aber da saßen wohl an die hundert Schwalben rundum auf den Dächern. Die zwitscherten und pfiffen so laut, daß Franziskus kaum zu verstehen war.

‚He, ihr Schwestern, ihr Schwalben', rief Franziskus den Vögeln zu, ‚schweigt still. Jetzt rede ich zu den Menschen.' Und mehr im Spaß fügte er hinzu: ‚Ich will später auch zu euch Vögeln sprechen.'

Da verstummten die Schwalben und saßen ruhig auf ihren Plätzen. Die Menschen staunten. Sie sperrten ihre Ohren und Herzen weit auf. Sie wollten hören, was der Mann zu ihnen sagte, dem sogar die Schwalben gehorchten.

Am nächsten Tag zog Franziskus mit Masseo und Angelo weiter. Am Nachmittag hatten sie Cannara schon weit hinter sich gelassen. Vor ihnen breiteten sich weit die Felder aus. Auf einem sanften Hügel standen einige alte Bäume mit mächtigen Baumkronen. Der Weg führte auf die Bäume zu.
Schon von weitem sahen sie es. Die Männer trauten zuerst ihren Augen nicht. Aber je näher sie dem Hügel kamen, um so deutlicher wurde es.

Auf allen Ästen saßen Vögel dicht bei dicht. Der Falke hockte neben der Taube, Seite an Seite der mächtige Adler und der winzige Zaunkönig. Der Uhu hatte sein Gefieder aufgeplustert, der Milan und die Meise, der Rabe und der Reiher, der Dompfaff und die Drossel, der Grünfink und die Grasmücke, die Elster und der Eichelhäher, der Spatz und der Sperber, der Bussard und der Buchfink, der Habicht und der Hänfling, ja noch eine Menge Vögel mehr hatten sich in dem Gezweig niedergelassen. Auch auf dem Felde hatten es sich viele, viele Vögel bequem gemacht, die Hühner und Hähne, die Enten und Gänse, die Schnepfen und Schwäne, das Rebhuhn und der Birkhahn, selbst der scheue Haubentaucher war gekommen, ja ganz am Rande des Feldes erkannten die Männer sogar den bunten Eisvogel.

‚Bleibt hier stehen', bat Franziskus seine Begleiter. ‚Ich habe es versprochen. Ich will zu den Vögeln reden.'
Franziskus ging allein weiter, den Hügel hinauf. Er gelangte zu den ersten Bäumen. Kein Vogel flatterte auf.
‚Ihr lieben Schwestern und Brüder, ihr Vögel', begann er seine Rede. Es blieb so still, daß seine Worte weithin über das Feld klangen. Kein Zwitschern, Krähen, Schnattern, Pfeifen, kein Piepsen war zu hören.

‚Euch, ihr gefiederten Freunde, euch hat Gott ganz besonders lieb. Ihr könnt euch in die Lüfte schwingen, schweben, segeln, fliegen. Schöne bunte Gewänder hat der Herr euch gegeben. Ein dreifaches Federkleid umhüllt euch, warm und dicht. Eure Speise findet ihr überall. Ihr sät nicht, ihr erntet nicht und müßt doch keinen Hunger leiden. Die klare Quelle, das Wasser in Bach und See, das ist für euren Durst allezeit da. Ihr baut eure Nester an sicheren Stellen in Felswänden, in hohen Bäumen, in Hecken und in Höhlen, und viele von euch haben klare, helle Stimmen. Alles dies hat Gott euch geschenkt. Euch, ihr Vögel des Himmels, euch hat er in sein Herz geschlossen.'
Den Vögeln gefiel diese Rede wohl. Sie spannten ihre Flügel, reckten ihre Hälse, öffneten ihre Schnäbel und ließen eine wunderschöne Melodie erschallen. Nach einer Weile fuhr Franziskus fort, und sogleich wurde es still.
‚Ihr habt es begriffen, ihr Brüder und Schwestern, ihr Vögel. Ich bitte euch, denkt an all das Gute, das Gott euch getan hat. Zu seinem Lob sollt ihr eure Stimmen erschallen lassen.'

Dann segnete Franziskus die Vögel. Da flogen sie alle auf wie eine riesige Wolke. Noch einmal erklang die herrliche Melodie. Die gewaltige Schar teilte sich in vier Gruppen. Die eine flog nach Sonnenaufgang, die andere auf die untergehende Sonne zu, die dritte zog nach Norden zum Meer, und die vierte strebte hin zu den Bergen im Süden. Es sah aus wie ein Kreuz, weit über den ganzen Himmel gespannt.

Franziskus und seine Begleiter aber ließen sich im weichen Gras zu einer kurzen Rast nieder. Ein Rotkehlchen flog herbei, kam näher und näher. Franziskus streckte ihm seinen Zeigefinger entgegen. Es ließ sich darauf nieder und saß einen Augenblick still. Dann sang der kleine Vogel aus voller Kehle, und die Töne, zart und schön, drangen den Männern bis ins Herz.
‚Faß zu, Franziskus. Du kannst den kleinen Vogel fangen', schlug Angelo vor. ‚Ich flechte aus Zweigen ein Vogelbauer.
Wir haben dann einen lustigen Gefährten auf unserer Wanderung.'

Franziskus schaute Angelo an, lächelte und sagte: ‚Der Schöpfer hat diesem Tier die Kunst des Fliegens geschenkt. Er wird sicher traurig sein, wenn ich dem kleinen Vogel diese Gottesgabe wegnehme.'
Das Rotkehlchen folgte den Männern noch viele Tage und sang ihnen ein Morgen- und ein Abendlied."

Franz hatte gespannt zugehört. Als sein Opa „Gute Nacht!" gesagt hatte und aus dem Zimmer gegangen war, lag er noch lange wach in seinem Bett. Im Traum hörte er später die Vögel eine wunderschöne Melodie singen.
Am nächsten Morgen trug Franz den Käfig hinter das Haus. Das Rotkehlchen flatterte ängstlich und aufgeregt gegen die Gitterstäbe.
Franz löste die Klammern, die den Boden des Vogelbauers festhielten. Er hob den Käfig an. Das Rotkehlchen saß einen Augenblick ganz still, dann flog es in die Hecke. Dort schüttelte es sein Gefieder. Eine kleine Feder flog heraus und segelte auf den Gartenweg. Franz hob sie auf und trug sie ins Haus.

Mutter sagte: „Du sollst doch nicht im Schlafanzug in den Garten laufen."
„Du kannst dich in der kühlen Morgenluft erkälten", sagte Vater.
„Franziskus hat einen Gefangenen befreit", schmunzelte der Opa.
„Ach ja", freute sich die Mutter. „An mir wäre die Arbeit mit dem Vogel bestimmt hängengeblieben."
„Wo hätten wir Fittibaldi den Zweiten auch lassen sollen, wenn wir in die Ferien fahren?" sagte der Vater.
„Ein Rotkehlchen gehört ins Freie", sagte der Opa.
Franz aber entdeckte den kleinen Vogel noch oft in der Hecke. Auf seinen Finger ist Fittibaldi der Zweite zwar nicht geflogen, aber gesungen hat er den ganzen Sommer lang am Morgen und am Abend.

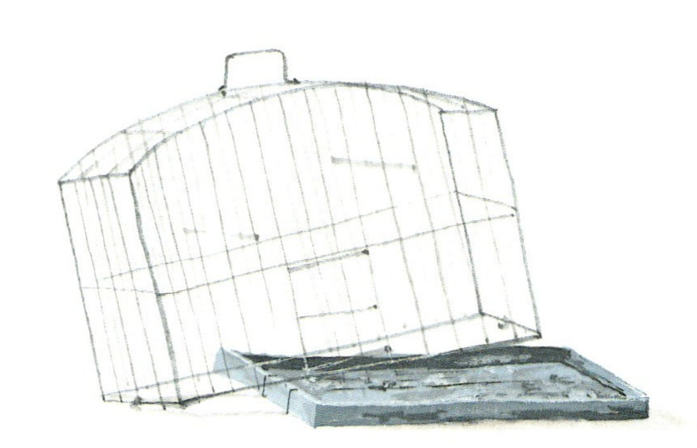

4. Auflage 2001

Umschlag, Illustrationen und Layout:
Annegert Fuchshuber
Gesamtherstellung:
Druckerei Theiss GmbH, A-9400 Wolfsberg
ISBN 3-429-01206-6